FOSSOURIER

Graine de CHAMPION

Baby Foot

Deuxième édition
© 2010, Bayard Éditions
Dépôt légal : mai 2010
ISBN : 978-2-7470-2738-0
Illustrations intérieures et de couverture : Didier Balicevic
Tous droits réservés.
Reproduction, même partielle, interdite.
Loi n°49-956 du 16 juillet 1949 sur les publications destinées à la jeunesse.
Imprimé en Espagne par Novoprint

Lionel Wengler

Graine de CHAMPION

Baby Foot

Illustré par Didier Balicevic

bayard jeunesse

Graine de
CHAMPION
Mike
Djame
Théo
Karim
Rob
l'équipe de
St-Antonin
Damien
Salvator

Frank Rodriguez
Bobo
ierre
Olivier
Angel
Fred
Fabien
Ascel
Sam

Baby Foot

– Angel, prépare-toi !

Inutile de le lui dire deux fois : le joueur sait ce que Frank Rodriguez, son entraîneur, attend de lui. Angel enlève son survêtement et commence à s'échauffer au bord de la touche.

Tout en se préparant, il regarde les deux équipes qui s'affrontent sur la largeur du terrain. Sept maillots verts d'un côté, sept blancs de l'autre. Lui, il porte un maillot blanc, celui de Saint-Antonin.

– Tes protège-tibias ! lui rappelle Frank.

Il les avait oubliés, ces machins encombrants. Docile, Angel glisse les protections dans ses chaussettes.

– Vas-y !

Angel pénètre sur la pelouse. Une demi-heure qu'il attend ce moment ! Dans dix minutes, le match sera terminé. Frank a déjà fait entrer quatre remplaçants. Angel n'y comptait plus.

– Bobo, tu sors ! ordonne l'entraîneur.

Boris fait la grimace. Les deux équipes sont à égalité, 1 à 1. Il espérait bien marquer le but de la victoire avant de quitter le terrain.

« Attaquant ! Je vais jouer à l'attaque ! » pense Angel, ravi.

Autour du terrain, les spectateurs encouragent leurs favoris à grands cris :

– Allez, les blancs !
– Allez, les verts !
– Allez, Loïc !

Loïc Marchand, c'est un dur, un vrai buteur. Angel se place aussitôt dans son ombre. Le ballon arrive dans sa direction. Angel se prépare à le contrôler. Rob, l'arrière des verts, fonce pour dégager.

– Vas-y, Angel !

La voix de Loïc stimule son coéquipier, qui réussit à détourner la balle juste avant de percuter Rob. Le choc, brutal, lui coupe le souffle.

Devant lui, Loïc récupère le ballon. Il court droit au but. Richard, le gardien des verts, s'avance. Loïc tire sans hésiter. Richard repousse la balle des deux mains. Elle revient sur Angel. Il shoote, à son tour, directement sur Loïc.

La jambe de Loïc dévie le ballon dans les buts. Le gardien, surpris, n'a pas fait un geste.

Frank siffle et montre le centre du terrain. 2 à 1.

Loïc lève les bras d'un geste triomphal. Les spectateurs crient :

– Champion, Loïc !

– Bravo, les blancs !

Angel revient vers le centre sur un petit nuage.

Ce but, c'est grâce à lui. Personne ne l'a remarqué. Dommage !

Aux verts d'engager ! François, leur avant-centre, tire de toutes ses forces. Les arrières repoussent le ballon, qui court d'un camp à un autre.

Frank hurle :

– Ne shootez pas n'importe où !

Et puis :

– Cours, Angel !

Le garçon n'a pas attendu le conseil de l'entraîneur. Le ballon roule devant lui. Il le contrôle, évite adroitement l'arrière des verts.

– Angel !

Loïc lui fait signe à sa gauche. La passe d'Angel est magnifique. Loïc frappe en pleine course. La balle suit une trajectoire bizarre et finit en sortie de but. Manqué !

L'arbitre siffle la fin du match. Déjà ? C'est tout juste si Angel a touché le ballon.

Il est déçu. Pourtant, son équipe a gagné. Un peu grâce à lui. Un peu !

En sortant du terrain, Angel aperçoit Flo, sa grande sœur, en compagnie de ses deux amies, Clémence et Marie.

« Non, pitié, pas elles ! » songe-t-il.

Flo l'a prévenu qu'elle assisterait au match. Angel ne l'a pas crue : elle fait toujours semblant de mépriser le foot. Comme d'habitude, elle se moque de lui :

– Salut, Baby Foot !

Angel déteste ce surnom ! Clémence et Marie rigolent comme des folles. Richard et Bobo ricanent en répétant :

– Baby Foot !

« Elle me le paiera ! » se jure Angel.

À l'instant où il se dirige vers les douches, Loïc lui frappe l'épaule :

– Bravo, Angel !

Ces deux mots du champion le consolent de tout le reste.

Faute de jeu

– Tu viens jouer, samedi ?
Angel dévisage Charly, son meilleur ami :
– Jouer à quoi ?
– Tu sais bien, *Les Galactiques*, mon nouveau War vidéo.
– *Les Galactiques*, cool ! dit Angel. Mais samedi, je ne peux pas. Dimanche, si tu veux.
– Dimanche, je vais chez mes cousins de Normandie avec toute la tribu.

– Et moi, samedi, j'ai mon match de foot.

– Dis-leur que tu es malade !

– T'es fou ! Je n'ai pas envie de perdre ma place dans l'équipe !

– Ta place, tu parles ! grogne Charly. Tu as joué cinq minutes, samedi dernier.

– N'empêche que j'ai fait marquer un but.

Ils regardent tous les deux la cour de l'école Jean-Jaurès d'un air maussade. Sous les arbres, les élèves de CE2 disputent une partie de foot acharnée. Les filles dans un camp, les garçons dans l'autre.

– Je ne vois pas le plaisir que tu éprouves à taper dans ce truc ! lance Charly avec mépris.

Angel hausse les épaules :

– Je croyais que tu aimais le foot ! Tu regardes tous les matchs à la télé.

– Les champions, oui, mais ça…

Charly montre la meute des écoliers qui se bousculent autour de la balle.

Soudain, celle-ci sort du paquet des joueurs. Elle roule vers Angel. Le garçon veut la renvoyer d'un coup de pied. Dans sa précipitation, il manque son coup et perd l'équilibre. Charly applaudit :

– Bravo, Zidane !

Les autres éclatent de rire. Une fille va récupérer le ballon et le remet en jeu.

Angel s'élance sur le terrain.
Il intercepte le ballon.

Il dribble Jérôme.

Celui-ci le retient par le col de son anorak.

Angel shoote du bout de pied.

Le gardien est battu. But !

Les filles hurlent de joie. Les garçons protestent :

– Ça ne compte pas !

– Il ne fait pas partie de l'équipe !

Albert, le gardien, dégage rageusement :

– D'abord, c'est les garçons contre les filles !

– 1 à 0 ! triomphe Émilie, la meilleure de l'équipe féminine.

Angel quitte le terrain en riant.

– Pas mal pour une fille ! plaisante Charly.

« Il est fâché à cause de samedi, se dit Angel. Après tout, je fais ce que je veux ! »

Il a envie de lui répondre méchamment, mais Charly est son meilleur copain. Ils sont inséparables depuis la maternelle, et ils s'entendaient bien avant l'entrée d'Angel dans le club de foot de Saint-Antonin.

Angel propose gentiment :
- Si tu es d'accord, je viens chez toi cet aprèm, après la classe.

Charly lève les yeux au ciel :
- Avec tout ce qu'on a à réviser, on ne pourra jouer qu'une demi-heure !
- C'est mieux que rien, non ?

Le sifflet du surveillant annonce la fin de la récré. Les élèves se mettent en rang. Charly grommelle :
- T'inquiète, je trouverai quelqu'un d'autre.

Angel se sent rejeté. Émilie le console avec une bourrade joyeuse :
- Joli but, champion !

Le soir, chez les Marinelli, les parents d'Angel, une autre dispute éclate à cause du foot. Le garçon et son père, Julien, regardent le match France-Angleterre à la télévision.

Flo s'insurge contre ce privilège :

– C'est l'heure de mon feuilleton préféré, je vous signale !

– Tu as une autre télé à l'étage, lui fait remarquer Angel.

– Merci, l'image est nulle !

– Tes séries aussi.

– La prochaine fois, ce sera ton tour, tu auras le grand écran, promet Julien, conciliant.

– Tu dis toujours ça ! proteste Flo. Maman, dis-leur, toi !

– Laisse ton père regarder son match, soupire Agnès Marinelli.

« La télé, elle s'en fiche, elle ! » fulmine la petite fille.

Dépitée, elle se plante devant son frère et demande traîtreusement :

– Tu n'as pas un contrôle, demain ?

– Pousse-toi, tu masques l'écran ! proteste Angel.

– Quel contrôle ? s'informe sa mère.

– Maths, dit Flo.

La silhouette d'Agnès masque à son tour les images du match qui vient de débuter :

– Tu ferais mieux de réviser au lieu de regarder la télévision.

– J'ai déjà révisé.

– Il a révisé le foot ! glousse Flo.

– Lâche-moi, tu veux ? gronde Angel, forcé de changer de place pour voir l'attaque de Thierry Henry.

Julien vient à la rescousse de son fils :

– Ton frère a de meilleures notes que toi en maths, je te signale.

– En foot aussi, répond Flo, qui ne désarme pas. Surtout depuis qu'il fait partie de l'équipe des filles.

Julien éclate de rire :

– Qu'est-ce que tu racontes ?

– À la récré, il a joué dans l'équipe d'Émilie. Ce n'est plus un poussin, c'est une poussinette.

Julien ébouriffe les boucles blondes de son fils :

– C'est pour ça que tu te laisses pousser les cheveux ?

Angel grogne, l'air renfrogné :

– C'est malin !

Personne ne le prend au sérieux, pas même son père. Pourtant, Angel sait qu'il est plus doué que bien des joueurs, balle au pied.

« Ils verront, samedi ! »

Dribbles meurtriers

Les deux équipes de sept joueurs sont déjà formées. Celle d'Angel, le football-club de Saint-Antonin, comprend un gardien de but, Théo ; trois défenseurs, Mike, Djamel et Pierre ; un milieu de terrain, Fred ; et deux avants, Loïc et Salvator.

Face à Saint-Antonin, il y a l'équipe de Brassy, en maillots rouges.

Déçu, Angel marmonne sur son banc : Frank Rodriguez l'a laissé sur la touche en compagnie des cinq autres remplaçants. « Vous rentrerez au cours de la partie », a promis l'entraîneur.

« Si c'est pour jouer cinq minutes sur les quarante du match… », bougonne le jeune joueur.

Sa mise à l'écart lui semble d'autant plus injuste qu'il a été l'un des meilleurs à l'entraînement. Fred lui a même dit que ses dribbles étaient « meurtriers » !

« Pour ce que ça sert… », se désole Angel.

Coup de sifflet. La partie commence. Sans attendre, Loïc se démène. Il bouscule ses adversaires, shoote aux buts à trois reprises, sans succès. Saint-Antonin domine. Salvator, l'ami de Loïc, lutte de toutes ses forces. Il est aussi grand que lui, moins costaud, mais aussi volontaire. Comparé à eux, Angel ne pèse pas lourd : il est petit, un peu trop maigre.

« Je suis un baby foot, Flo a raison », songe le garçon tristement.

Sur la pelouse, les joueurs de Brassy marquent les premiers. Furieux, Loïc s'en prend à ses coéquipiers. Il s'énerve et, dans sa rage d'égaliser, il shoote à tort et à travers.

Depuis le banc de touche où il assiste au match, Frank Rodriguez lui fait signe de se calmer.

Brassy marque un deuxième but. Les rouges triomphent. Les blancs baissent la tête. Angel observe la réaction des spectateurs.

« Heureusement que papa n'est pas là, pense-t-il avec soulagement. De toute façon, il ne vient jamais. »

Avec son père, c'est toujours la même histoire ; il promet d'assister au match, puis il trouve une excuse pour ne pas venir : une réunion, un conseil de classe, des copies à corriger. Julien est prof. Il a pourtant du temps libre. Mais le foot passe après tout le reste.

– Angel, à toi !

« Moi ? »

Le garçon croit avoir mal entendu.

– Tu remplaces Salvator.

Il reste vingt minutes de jeu. Juste le temps de montrer ce qu'il sait faire !

Il se débarrasse de son survêtement.

– Échauffe-toi ! ordonne l'entraîneur.

Angel obéit. Puis, au signal, il permute avec Salvator. Loïc le regarde arriver d'un air mécontent : il s'entendait bien avec Salvator.

– Ne reste pas dans mes pattes !

Une balle haute. Angel bondit, manque sa tête. Loïc le bouscule :

– Laisse, minus !

Vexé, Angel s'entête. Il court, s'empare du ballon. Après un dribble raté, il retrouve son inspiration. Il crochète un adversaire, puis un deuxième.

À gauche, Loïc l'interpelle :

– À moi !

Angel feinte, dribble un dernier défenseur. Seul devant le gardien, il sert Loïc, qui n'a qu'à pousser la balle dans les buts.

2 à 1 !

Loïc lève les bras. Djamel et Fred l'entourent. Ils dansent de joie sans un regard pour Angel, à l'origine de l'exploit.

Depuis la touche, Frank lève le pouce. C'est à Angel que s'adresse le compliment.

– Encore un ! grogne Loïc en reprenant son poste au centre du terrain.

Loïc fonce à l'attaque.

Le gardien pare, mais laisse échapper le ballon.

Il tire au but.

Angel le récupère.

Il dribble le défenseur et trompe le gardien. But ! 2 à 2 !

« Yaooo ! »
Ses coéquipiers le serrent dans leurs bras. Loïc lui-même y va d'une tape amicale.

L'entraîneur effectue deux changements. Mais Angel reste sur le terrain.

« J'ai conquis ma place », se réjouit-il.

L'arbitre siffle pour ordonner aux joueurs de reprendre leurs places.

Brassy engage. Djamel intercepte et renvoie.

– Jouez sur moi ! commande Loïc.

Il veut inscrire le but de la victoire. Il court, infatigable. Mais Brassy s'empare du ballon. Les rouges dominent, maintenant. Les défenseurs de Saint-Antonin s'affolent. Loïc descend tout le terrain pour renforcer la défense. Il crie :

– Attention !

Théo repousse une balle qui prenait le chemin des buts. Un attaquant de Brassy la récupère et shoote à son tour. Son tir, maladroit, finit en sortie de but. Toujours 2 à 2. Les blancs ont eu chaud ! Il reste trois minutes à jouer.

– Plus vite ! Jouez plus vite ! s'énerve Loïc.

Djamel dégage loin devant. Le ballon franchit la ligne médiane. Fred est à la réception.

– Laisse ! ordonne Loïc.

Dans sa précipitation, il bouscule son partenaire et manque son contrôle. Angel récupère la balle.

– Passe ! crie Loïc.

Angel conserve le ballon. Il dribble un adversaire et fonce vers les buts lorsque le dernier défenseur le fauche. L'arbitre siffle :

– Penalty !

Le coup de pied de réparation se situe à neuf mètres des buts de Brassy. Tous les joueurs se retirent à distance réglementaire. Angel, seul devant le goal, place le ballon avec soin et se prépare lorsque Loïc le repousse :

– Je le tire !

Angel s'écarte docilement. L'avant-centre prend beaucoup d'élan. Au signal de l'arbitre, il tire de toutes ses forces. Le gardien laisse échapper la balle. 3 à 2.

Angel saute sur le buteur qui triomphe :

– On est les meilleurs !

Aussitôt, l'arbitre siffle la fin de la rencontre. Frank sourit, satisfait de son équipe. Il ébouriffe les cheveux d'Angel :

– Très bien joué, petit !

Le cœur du garçon se dilate. Son premier grand match ! Sa victoire ! Dommage que son père n'ait pas vu ça ! Et Flo ! Plus jamais elle ne lui aurait donné ce surnom ridicule : Baby Foot. Plus jamais !

Le meilleur

Balle au pied, Angel est le plus adroit des douze joueurs. Pour jongler, feinter, dribbler, déconcerter ses vis-à-vis, il n'a pas de rival. Mais il se montre malhabile au jeu de tête. De plus, trop léger, il se fait souvent malmener par ses adversaires.

Pour se muscler, Angel s'entraîne presque chaque soir dans sa chambre avec de petits haltères. Hélas, sa peste de sœur l'a surpris une fois en plein exercice.

– Bravo, Schwarzenegger ! lui a-t-elle jeté à la figure.

Depuis, à l'école, dès que Clémence et Marie, les amies de Flo, l'aperçoivent, elles font semblant de gonfler leurs biceps. Flo a dû leur raconter.

Le mercredi et le dimanche matin, Angel se lève de bonne heure et se rend au parc de Fleurus, à cent mètres de chez lui. Il court dans l'allée qui longe le lac en s'arrêtant à chaque tour pour reprendre son souffle.

Un matin, il y rencontre Loïc.

– Tu viens souvent ici ? s'étonne le champion.

– De temps en temps.

– Moi, chaque jour.

Tout en discutant, Angel reste dans le sillage de l'avant-centre. L'épreuve est difficile : Loïc est infatigable, et Angel a déjà fait trois fois le tour du lac. Mais

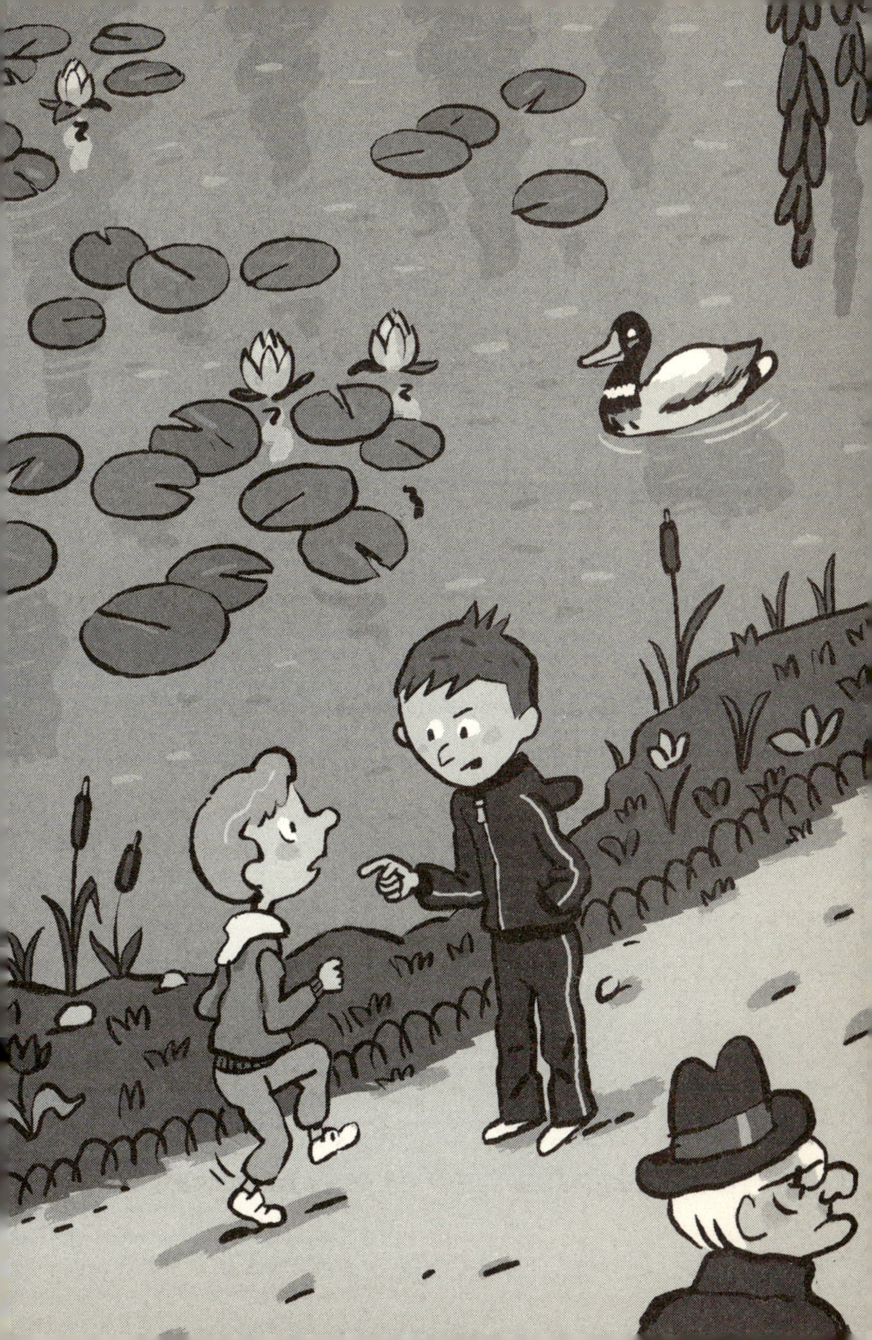

plutôt mourir que l'humiliation de s'avouer vaincu. Par chance, au bout de cinq cents mètres, Loïc s'arrête pour rattacher les lanières de ses chaussures. Angel respire.

Loïc, qui a un an de plus que lui, est en CM1. Angel envie secrètement sa force et son assurance.

– Flo, c'est ta sœur ? demande soudain Loïc.

– Ouais, répond Angel à contrecœur. Elle est en CM2.

– Je sais. Elle m'a demandé de venir à son anniversaire.

Angel est déconcerté : Flo ne lui parle jamais de ses amis. Mais Loïc… Elle sait pourtant qu'ils jouent dans la même équipe !

– Super ! dit-il simplement.

Le soir même, avant le dîner, Angel questionne sa sœur :

– C'est vrai que tu as invité Loïc à ton anniversaire ?

– Exact, dit Flo. Il est sympa et très mignon. Et puis, au foot, il est canon, lui !

Cette réponse blesse Angel. D'abord, Loïc n'est pas « sympa ». Il est orgueilleux, égoïste, et méprisant à l'égard des plus jeunes. Ensuite, ce « lui » signifie qu'Angel n'est pas à la hauteur.

Vexé, il réplique d'un ton ironique :

– Depuis quand tu t'intéresses au foot ?

Flo ne prend pas la peine de lui répondre. Elle chantonne d'une manière qui exaspère son frère.

Le samedi suivant, Angel a la désagréable surprise de la rencontrer au stade en compagnie de Marie. Elles sont sûrement venues pour voir Loïc !

– Allez, Baby Foot ! hurle Marie.

« Je vais te montrer qui est le meilleur ! » gronde Angel.

Il se prépare à entrer sur le terrain, mais Frank choisit Salvator. À son grand dépit, Angel doit s'asseoir au milieu des remplaçants. Malgré ses exploits du samedi précédent, l'entraîneur le laisse une fois de plus sur la touche. Une vraie trahison !

Pendant le match, Angel piaffe d'impatience. Les poussins de Stanislas sont bien tendres. Cependant, Saint-Antonin ne joue pas mieux que son adversaire. Djamel semble paralysé. Loïc fait son numéro habituel. Et Salvator cumule les maladresses.

« Moi, à sa place... », pense Angel.

Enfin, Frank se décide à faire sortir Salvator. Angel se lève. Nouvelle déception : c'est Fabien qui remplace l'attaquant. Les minutes s'écoulent.

« Je ne jouerai pas ! » se désole Angel.

Les deux équipes sont toujours à égalité 0 à 0, quand l'entraîneur fait signe à Angel :
– À toi !

Après un semblant d'échauffement, Angel prend la place de Fred. Il est si impatient de prouver sa valeur qu'il en tremble.

Au début, les autres ne s'occupent pas de lui. Il n'y en a que pour Loïc, qui se distingue en tirant au but à trois reprises. Le gardien de Stanislas réussit de beaux arrêts.

Soudain, le ballon, dégagé trop hâtivement par un défenseur, arrive à la portée d'Angel.

Angel contrôle.
Il passe un adversaire.

Il fonce vers les buts.
Un défenseur tente
de l'intercepter.
Angel le crochète.

Le gardien s'avance.
Loïc appelle le ballon : « Angel ! »

Angel l'ignore. Il place le ballon devant son pied droit. Il tire.

Le goal plonge et bloque le ballon. Les spectateurs applaudissent. Loïc râle : « Tu joues trop perso ! »

Loïc peut parler, lui qui ne passe jamais la balle à ses coéquipiers !

Quelques minutes plus tard, Angel bloque la balle à quelques centimètres de la ligne de touche. Il effectue une percée à travers la défense. Après avoir dribblé plusieurs adversaires, il se retrouve de nouveau face au gardien.

Loïc est à sa droite, démarqué. Angel hésite, puis choisit de tirer au but. Le ballon passe deux mètres au-dessus de la transversale. Loïc fulmine :

– Tu le fais exprès, ma parole !

Le match est presque terminé lorsque le gardien de Stanislas manque son renvoi. Le ballon atterrit dans les pieds de Loïc, qui tire sans contrôle et marque. 1 à 0.

Euphorique, l'avant-centre oublie les maladresses d'Angel. Il le serre dans ses bras. Les filles crient son nom :

– Lo-ïc ! Lo-ïc !

C'est lui, le champion. Quand l'arbitre met fin à la rencontre, les joueurs bousculent joyeusement Angel :

– On a gagné !

– Qui c'est, les meilleurs ?

« Pas moi ! » songe Angel en se forçant à sourire.

Lui qui voulait épater Flo et ses amies, c'est raté !

Antijeu

Angel ne se sent pas à l'aise au milieu de la petite bande. Pour son anniversaire, Flo invite souvent des garçons plus âgés qu'elle. Robert a onze ans. Julien et Patrice, dix. Sylvain, neuf ans et demi. Loïc n'a que neuf ans, mais il est grand, musclé, et paraît plus vieux que son âge. Angel, huit ans, est le plus jeune du groupe, et les filles le lui font savoir.

– Comment ça va, Baby Foot ? Le taquine Marie.

Angel lui jette un regard furieux :
– Ne m'appelle pas comme ça !
– Tu préfères Chérubin ? renchérit Any.

Les filles éclatent de rire. Leur façon de le traiter en bébé l'exaspère. Il voudrait cacher sa colère, mais c'est plus fort que lui.

– Si on faisait une partie de foot ? intervient Loïc.

Flo hausse les épaules :
– Dans le salon ?
– Non, au jardin.
– Il pleut !
– C'est pas grave !
– Moi, je joue, dit Angel, ravi.

Patrice se laisse tomber dans un fauteuil :
– Le foot, moi… Je reste ici.
– Allez, viens, lui dit Robert. Avec toi, on est six, trois contre trois.

Il s'adresse aux filles :
– Vous jouez, vous aussi ?
– C'est ça, oui !

Flo secoue la tête, dépitée de voir les garçons l'abandonner. Elle voulait écouter de la musique, danser, jouer aux cartes, regarder des films comiques.

– Vous ne pensez qu'au foot ! C'est la dernière fois que je vous invite ! les menace-t-elle.

Sans même l'écouter, ils se précipitent dans le jardin.

En leur absence, les filles bavardent, elles rient, écoutent des disques. Mais l'ambiance n'est plus la même.

Marie ouvre la fenêtre.

– Venez voir ! lance-t-elle.

– Ferme cette fenêtre ! ordonne Flo.

Trop tard ! Lorie, Capucine, Any et Clémence rejoignent Marie. Elles se penchent pour regarder jouer les garçons.

– Tu vas faire entrer la flotte ! râle Flo.

– Il ne pleut plus.

– Dis donc, il est super doué, ton petit frère ! s'exclame Lorie.

Flo rejoint ses amies en traînant les pieds. Sur la pelouse, les garçons se sont répartis en deux camps. Dans l'un, Robert, Julien et Angel. Dans l'autre, Patrice, Sylvain et Loïc. Julien et Sylvain sont gardiens de but. Robert et Patrice, défenseurs. Loïc et Angel, attaquants.

– Tu aurais dû le voir ! Il vient de marquer un but magnifique, dit Lorie.

Flo étouffe un bâillement :

– Qui ça ?

– Angel. Regarde-le !

Le garçon jongle avec le ballon. Il feinte avec adresse, dribble Patrice et trompe Sylvain.

– 3 à 1 ! Bravo, Angel ! crie Robert.

Loïc, qui ne supporte pas de perdre, s'en prend à son goal :

– Une vraie passoire !

Il bouscule Angel qui joue avec le ballon :

– Tu permets que j'engage, oui ?

– Mollo, Brutus ! lui dit Robert en riant. On rigole, on n'est pas à l'Inter de Milan !

– Ils ne voudraient même pas de toi comme ramasseur de balles, à l'Inter ! rétorque Loïc.

– Va finir ton biberon ! riposte Robert.

Enfin, la partie reprend.

Loïc attaque. Il dribble Robert. Il bat Julien. 3 à 2 !
Les filles applaudissent. Il lève les bras.
Robert engag
Angel contr
la balle.

Il crochète Loïc.
Il passe Patrice.

Il dribble le gardien.
Les filles l'acclament :
« Bravo, Zizou ! »
« Tu es le plus fort ! »
« Encore un ! »

Flo mime l'air exaspéré que prend parfois sa mère :

— Le foot, il n'a que ça en tête !

— Il est adroit ! commente Lorie.

Flo hausse les épaules :

— Il est encore trop petit.

— Ça n'a pas l'air de le gêner, lui fait remarquer Capucine.

De nouveau, Angel étourdit ses adversaires. Il les dribble, résiste à leur poussée. Il virevolte. Il va marquer lorsque Loïc, furieux, le cisaille avec brutalité. Angel se roule sur le sol en gémissant.

— Tu es dingue, ma parole ! gronde Robert.

Loïc tord la bouche :

— Ben quoi ? Je l'ai taclé !

— Tu appelles ça un tacle, toi ?

Flo prend ses amies à témoin :

— Vous voyez, il est trop petit.

— Loïc n'avait pas le droit de le faucher ! s'indigne Lorie. C'est de l'antijeu !

– Écoutez-la, la spécialiste ! se moque Flo.

Sur la pelouse, Robert se penche sur Angel toujours à terre.

– Tu devrais aller voir ton frère, suggère Any à Flo. Il est peut-être blessé.

– OK, on va jouer à l'infirmière, cède Flo en soufflant.

Les filles sortent dans le jardin. La terre est détrempée.

– Zut ! Mes ballerines sont trempées ! s'exclame Clémence.

– Mettez-vous pieds nus, dit Flo. Vous allez salir les tapis en rentrant.

– On gèle !

Le tibia d'Angel s'orne d'un beau bleu.

– Tu t'es bien arrangé ! gronde Flo.

Robert ébouriffe les cheveux du blessé :

– Fini, le match ! On a gagné grâce à notre champion.

Flo aide son frère à se relever. Elle lui demande avec une pointe d'ironie :

– Monsieur pourra marcher jusqu'à la maison ?

– Oui, mais, pour la danse, monsieur déclare forfait !

– De toute façon on est trop cassés pour danser, lance Robert aux garçons, qui approuvent en riant.

– Trop paresseux, oui ! grommelle Flo.

– Si on regardait l'enregistrement du match Arsenal-Manchester ? propose Angel.

Il courbe la tête sous le regard noir de sa sœur :

– Je plaisante !

Une équipe d'enfer

Loïc s'approche d'Angel et lui flanque une bourrade amicale :
– Désolé pour dimanche !
– Qu'est-ce qui s'est passé ? demande Théo, curieux.
– Quand ça ?
– Dimanche !
Angel fait la grimace :
– On a bousillé la pelouse de ma mère en jouant.

– Au foot ? s'exclame le gardien. Vous auriez pu me prévenir !

– On a joué à six, tu aurais vu l'allure du jardin ! Alors, à douze… Ma mère aurait piqué sa crise !

Loïc hoche la tête en souriant :

– Ta mère était furax, mais ta sœur a été plutôt sympa.

– Tu trouves ?

Angel dévisage l'avant-centre, croyant à une plaisanterie : Loïc a l'air sérieux.

« Encore un qui trouve Flo gentille, malgré son sale caractère ! » pense-t-il.

– Vous êtes en tenue ?

Frank Rodriguez rassemble ses troupes. Ils sont douze, impatients de jouer après la suppression de l'entraînement, le mercredi précédent, à cause du mauvais temps.

– Échauffement !

Les enfants commencent à courir en petites foulées, puis ils font les exercices d'assouplissement que Frank leur a enseignés.

L'entraîneur agrémente toujours la séance de commentaires amusants qui la rendent moins fastidieuse :

– Fred, plus souples, tes jambes. On dirait une autruche ! Mike, la sieste est finie. Djamel, qu'est-ce qu'elles ont, tes chaussures ? Tu as l'air de marcher avec des talons hauts !

– Elles me font mal. Je crois qu'elles sont trop petites !

– Ce sont tes pieds qui sont trop grands. Tu es bien parti pour ressembler à Mickey !

– À Minnie, alors, avec les talons hauts ! dit Théo en s'esclaffant.

Frank rabroue le gardien :

– Toi, on ne t'a rien demandé !

Puis, interrompant les exercices, il annonce :

– Dix minutes de repos et, après, un petit match de sixte !

Fabien ouvre de grands yeux :

– Un match de quoi ?

– De sixte, six contre six, banane ! dit Loïc.

L'entraîneur compose les équipes. La première, en maillots blancs, aligne Théo, Mike, Olivier, Fred, Loïc et Angel. La deuxième, en maillots bleus, Axel, Boris dit Bobo, Djamel, Karim, Fabien et Salvator.

– Qui veut être gardien de but ? demande Frank.

Théo lève la main.

– Toi, c'est sûr. Je m'adresse aux bleus.

– Je veux bien, lance Axel.

– Qui d'autre ?

– Moi, fait Karim sans conviction.

– Ils vont jouer à deux gardiens. Ils en ont besoin, commente Loïc d'un ton ironique.

L'entraîneur lui jette un regard sévère, puis il fait signe à Karim :

– OK, tu vas jouer goal.

Frank regarde ses joueurs s'équiper et, pour certains, changer de maillots. En découvrant la blessure d'Angel, il émet un petit sifflement :

– Inutile de demander si tu as joué sans protège-tibias !

– On a joué chez moi. Je n'avais pas mes protections.

– Ça te fait mal ?

– Quand on appuie dessus.

– Qui t'a fait ça ?

Angel fait un clin d'œil à Loïc :

– C'est ma sœur.

– C'est un danger public, ta frangine !

Les joueurs s'esclaffent. Frank frappe dans ses mains :

– Ça suffit ! En piste !

Angel et ses coéquipiers se mettent à leurs postes. Frank porte son sifflet à la bouche. C'est parti ! Tout de suite, Angel et Loïc s'élancent. Le premier dribble, le second fonce. Face à eux, Axel et Fabien sont trop lents. Seul Djamel arrive à contrer Loïc, mais il est isolé. Dans les buts, Karim ne manque pas d'adresse. Il arrive à bloquer deux tirs de Loïc. Puis il s'incline devant Angel. 1 à 0.

– C'est moi, le buteur, ne l'oublie pas ! signale Loïc en bousculant Angel.

Quelques instants plus tard, celui-ci passe trois joueurs. Seul devant Karim, il talonne pour Loïc, qui fusille le gardien. 2 à 0.

– Toi et moi, on fait une équipe d'enfer ! jubile l'avant-centre.

Angel acquiesce en riant. Il a la forme. Il s'amuse, et tout lui réussit : contrôles, feintes, dribbles, passes. Mais il garde trop longtemps le ballon de l'avis de Frank :

– Plus vite, la passe ! Tu n'es pas seul sur le terrain !

Angel obéit. Dès qu'il est en possession du ballon, il ouvre sur Loïc. L'avant-centre, trop nerveux, pousse le ballon dans les bras du gardien. Karim fait rebondir la balle avant de dégager. Angel, à la réception, saute pour la reprendre de la tête. Loïc écarte brutalement son coéquipier et détourne le ballon pour Fred, qui contrôle de la poitrine.

– Ici ! crie Loïc.

Il court déjà dix mètres devant les autres. Au lieu d'ouvrir sur lui, Fred cherche à dribbler son vis-à-vis. Axel le contre et passe à ses avants. Les bleus dominent... Théo repousse un premier tir, mais il s'incline devant la reprise adroite de Boris. 2 à 1.

– À bibi ! gronde Loïc en plaçant le ballon au centre.

Il se rue à l'attaque, déborde Djamel.

Il dribble Fabien.

Angel, démarqué, appelle le ballon.
Loïc choisit de tirer au but.

Karim repousse le ballon.
Djamel essaie de le contrôler.

Angel lui prend la balle.
Il fait semblant de servir Fred.

Le gardien plonge.
Trop tard : la balle
est au fond des filets !

3 à 1. Cette fois, les bravos de Loïc manquent d'enthousiasme. Le champion n'apprécie pas qu'on lui vole la vedette ! Ses partenaires sont plus démonstratifs :

– Mégabut !

– Superman !

Frank les rappelle à l'ordre :

– À vos places !

Les joueurs rejoignent docilement leurs positions. Loïc se démène et s'énerve. Il fauche Bobo, puis Axel, et écope de deux coups francs. Les bleus en profitent pour attaquer. Ils dominent pendant quelques minutes, avant d'être submergés par la pression des blancs.

Angel récupère un ballon au centre du terrain. Il efface Axel et sert Loïc devant les buts de Karim. Un vrai cadeau ! Loïc tire sans hésiter. Le gardien effleure le ballon, qui termine sa course au fond des filets. 4 à 1.

Loïc lève les bras. Deux buts pour lui et deux pour Angel : son honneur est sauf !

Il tombe dans les bras de son coéquipier :

— D'enfer, je te dis !

Frank siffle la fin du match. Il sourit à Angel :

— Pas mal pour un éclopé !

Le rêve

Après la belle victoire de Saint-Antonin, Angel n'a pu s'empêcher de faire des projets d'avenir : il deviendrait footballeur professionnel et jouerait sur les plus grands stades du monde. On lirait son nom en grosses lettres sur tous les panneaux lumineux : Angel, l'ange de l'équipe de France.

Il n'en parle à personne, même pas à Charly, de peur qu'il se moque de lui.

Le mercredi suivant, à l'entraînement, il redescend sur terre : s'il peut renouveler ses exploits du match précédent, ce sera déjà merveilleux.

Il est nerveux, impatient de jouer. L'entraîneur, lui, ne semble pas pressé.

– J'ai une grande nouvelle ! annonce-t-il à ses joueurs.

– Vous avez gagné au loto ? plaisante Théo.

L'entraîneur sourit :

– Pas encore, mais je ne désespère pas.

– Vous allez vous marier ? glousse Salvator.

– Avec Fanny ? précise Karim.

Fanny est la secrétaire du club de Saint-Antonin.

– Elle va se marier, c'est vrai, mais pas avec moi.

Djamel fait un clin d'œil à ses coéquipiers :

– Et elle aura douze petits joueurs de foot.

– Alors, je lui souhaite bien du plaisir ! gronde Frank. Maintenant, du calme ! Et écoutez-moi. Ce que j'ai à vous dire est important : dans quelques mois, deux d'entre vous pourront faire un stage de foot sous la direction d'Aldo Montini.

– Montini, le Ballon d'or ? s'exclame Salvator, ahuri.

Frank acquiesce :

– L'ancien avant-centre de l'équipe de France. Le stage se déroulera à Montilleux, en Auvergne, pendant les vacances de Pâques, du 2 au 8 avril. Les deux « élus » recevront une véritable formation de professionnel. Le centre de Montilleux est un lieu magnifique en pleine montagne. Entre les entraînements, vous pourrez vous balader, visiter la région, et côtoyer des champions ou de futurs champions.

– C'est génial ! murmure Théo, extasié.

– Qui suivra le stage ? veut savoir Loïc.

– Rien n'est encore décidé. En principe, les deux meilleurs.

Loïc hoche la tête. Si ce sont les plus forts, il est sûr d'être sélectionné. Les autres membres de l'équipe se jaugent du regard pour calculer leurs chances.

– En attendant, il faut travailler dur, dit l'entraîneur.

Il répartit les joueurs en trois groupes de quatre. Pour commencer, il leur demande de jongler avec le ballon, puis de le transmettre à un coéquipier sans le laisser rebondir sur le sol. D'abord avec le pied, ensuite avec la tête.

Angel, à l'aise au premier exercice, se montre maladroit au second.

– Tu dois frapper du front, explique Frank. Recommence !

Il lui envoie le ballon à la main.

– Oui, c'est mieux. Encore une fois. Sur Salvator. Comme ça, oui. Ne reste pas planté, bouge. Ton corps tout entier doit accompagner le coup de tête. Bien ! En l'air maintenant. Saute et frappe !

L'entraîneur passe à un autre exercice. Il s'agit, cette fois, de contrôler le ballon en changeant de direction pour se dégager d'un adversaire. Les joueurs sont disposés par groupes de deux, à six mètres l'un de l'autre.

– Concentrez-vous sur la prise de balle, recommande Frank. Tirez de l'intérieur du pied gauche vers la droite. Bien… Loïc, pas trop fort, ta passe !

— Doucement ! râle Boris, incapable de contrôler les balles de l'avant-centre.

— À présent, intérieur du pied droit vers la gauche… Vers la gauche, j'ai dit. Tu m'écoutes, Angel ?

— Excusez-moi, murmure le garçon.

Depuis que Frank a parlé du stage, il n'a plus que Montilleux en tête. Il se voit déjà là-bas, au milieu des futurs champions.

— Attention : extérieur du pied, cette fois, précise l'entraîneur.

Angel se concentre sur l'exercice.

Lors de la séance de tirs au but qui suit, Loïc démontre sa force. Face à lui, Théo est dans un grand jour. Il arrête neuf tirs cadrés sur dix. C'est un gardien adroit, vif, souple comme un chat.

Quand vient le tour d'Angel, celui-ci arrive à le tromper à plusieurs reprises grâce à des tirs précis et exceptionnellement tendus.

– C'est très bien, constate Frank.

« Combien de progrès il me reste à faire pour aller à Montilleux ? » se demande Angel.

Le soir, il brûle d'annoncer le projet de l'entraîneur à ses parents. Après réflexion, il ne dit rien. D'abord, il n'est pas sûr d'être sélectionné. Ensuite, il connaît les réactions de sa mère : laisser partir son fils une semaine dans un centre inconnu ? Ce n'est pas gagné !

Angel redoute surtout les railleries de Flo. Il croit déjà l'entendre : « Ils ont une garderie, à Montilleux ? » ou bien : « Qui va changer tes couches, là-bas ? »

Du coup, Charly est le seul à qui il peut se confier. Les deux amis se sont réconciliés. Ils sont allés au cinéma voir *Pirates des Caraïbes* un mercredi où Frank avait annulé l'entraînement. Angel s'est bien gardé de signaler ce détail à Charly.

Après la séance, Angel est allé chez Charly. Ils ont fait des parties de jeux vidéo jusqu'au soir.

– Ton stage, il a lieu quand ? lui demande Charly.

– La première semaine des vacances de Pâques.

– C'est super !

Angel secoue la tête, résigné :

– Ce n'est pas MON stage : je n'ai aucune chance d'être sélectionné !

– Avec tous les buts que tu as rentrés ?

Angel sourit avec effort : Charly est gentil, mais il le surestime.

– J'en ai inscrit trois. Même si j'en avais marqué dix, ça ne suffirait pas !

– Qu'est-ce qu'il leur faut ?

– Des muscles. Loïc est sûr de faire partie de la sélection. Ça ne laisse qu'une place.

– Loïc et toi ! Vous vous entendez bien. C'est important, ça, dit Charly avec conviction.

« Tu parles ! pense Angel. Loïc ne pense qu'à lui. Sur le terrain, il ne s'entend avec personne ! »

– On ne serait pas forcément dans le même groupe. Et puis on est deux attaquants. À mon avis, Frank voudra choisir un défenseur, un gardien, peut-être.

– Tu n'en sais rien. Il t'a dit que tu avais fait des progrès, c'est un signe. Je suis certain qu'il va te sélectionner.

– Je voudrais te croire, soupire Angel.

Il pense à sa sœur : s'il allait à Montilleux, on le prendrait enfin au sérieux, et Flo ne le traiterait plus jamais de Baby Foot.

– Il reste combien de temps avant les vacances de Pâques ? Quatre mois ? Tu as largement le temps de faire tes preuves !

– Ou de prendre des gamelles !

Charly se met à rire. Angel n'a pas le cœur à l'imiter.

– J'en rêve de ce stage, tu comprends ?

– Voilà ce que je te propose, dit Charly. Je vais venir te voir jouer.

Angel sourit, incrédule :

– Toi, au stade ?

– Ce ne serait pas la première fois.

– Pour voir jouer les champions : Lyon, l'OM, le Real. Mais Saint-Antonin !?

– Justement !

– Tu te moques de moi ?

– Pas du tout : j'observerai vos matchs et je te dirai ce que je pense de toi et des autres.

– Sincèrement ?

– Je serai carrément impitoyable. Comme ça, tu sauras si tu as une chance d'être sélectionné. Qu'est-ce que t'en dis ?

– Super !

L'idée plaît à Angel. Même s'il ne croit pas son ami assez calé pour lui donner des conseils, il est heureux d'avoir un supporter enthousiaste.

– Pour commencer, je viendrai au match de samedi prochain.

– On rencontre Bruxois, une petite équipe. Tu es sûr que tu ne vas pas t'ennuyer ?

– Après le match, on ira au Mégastar. Ils ont de nouveaux jeux fantastiques.

– Je ne suis même pas sûr de jouer ! soupire Angel.

– Aux jeux vidéo ?

– Au prochain match.

– Je vais aller dire deux mots à ton entraîneur : « Je vous préviens : si mon pote Angel n'est pas avant-centre, plus question qu'il vienne au stade ! »

– L'avant-centre, c'est Loïc.

– Ce tocard ? À l'écurie ! Faites entrer Angel, mon pur-sang !

Ils sont pris d'un fou rire interminable. Angel supplie :

– Arrête ! J'ai mal au ventre !

Quand Charly délire de cette manière, c'est un vrai bonheur. Angel se dit que son ami va lui porter chance et que son rêve se réalisera.

Quatre à zéro !

Les maillots jaunes de Bruxois, flambant neufs, ont plus d'allure que les maillots blanc dépareillés de Saint-Antonin. Les deux équipes s'affrontent sur un beau terrain de soixante mètres bordé d'une véritable tribune.

Comme promis, Charly est là. Il est venu avec Laurent, son grand frère, qui a l'air de s'intéresser aux filles plus qu'au foot. Flo et ses amies sont là, elles aussi.

L'arbitre siffle pour rassembler les joueurs, qui s'échauffent depuis quelques minutes.

– Aujourd'hui, on va déchirer ! gronde Loïc.

Il est impatient de démontrer qu'il est le plus fort sur le terrain. Angel devine que l'avant-centre est obsédé par le stage de Montilleux, comme lui, même s'ils n'en parlent ni l'un ni l'autre.

Une fois n'est pas coutume : dès l'engagement, Loïc ouvre sur son coéquipier.

– Angel, à toi !

Surpris par la passe qu'il n'attendait pas, Angel veut détourner la balle devant un adversaire et se fait contrer. D'une charge rageuse, Loïc bouscule le porteur du ballon. Il le dépossède, s'élance, déboule au milieu de la défense de Bruxois. À dix mètres des buts, il tire en pleine course. Le gardien, surpris, n'a plus qu'à ramasser le ballon au fond des filets.

Deux minutes de jeu. 1 à 0 !

Loïc lève le poing. Ses partenaires l'entourent :

– Meurtrier, le shoot !
– Un missile !
– Téléguidé !

Loïc reprend sa place en riant. Quand il rit, il montre les dents. On dirait qu'il va mordre.

Les joueurs de Bruxois engagent et amorcent une attaque timide. Boris les stoppe à quinze mètres des buts de Théo. Il relance sur Angel, qui passe immédiatement à Loïc. L'avant-centre fonce, heurte un défenseur et le renverse.

– Coup franc ! décide l'arbitre.

Loïc proteste : il était en possession du ballon. C'est son adversaire qui a commis une obstruction. La pénalité aurait dû être en sa faveur.

Un attaquant de Bruxois shoote le coup franc. Le ballon, renvoyé par Théo, atterrit dans le camp adverse. Angel réussit un beau contrôle. Il centre en hauteur. Loïc reprend de la tête, dans l'angle du cadre. 2 à 0 ! Le buteur lève les bras en bombant le torse, face à la tribune.

« Il se prend pour une star ! » pense Angel avec une pointe d'envie.

Mais il est forcé de reconnaître que Loïc est extraordinaire.

– Jolie, la passe !

Loïc a pris la peine de le féliciter. Ils reviennent ensemble vers le rond central. L'avant-centre alerte ses partenaires :

– Sur moi, les gars !

Deux buts ne lui suffisent pas. En face, les jaunes tentent de réagir. Mais leurs offensives se brisent sur la défense de Saint-Antonin. On dirait que l'énergie de Loïc se communique à l'équipe tout entière : défenseurs et attaquants. Une nouvelle fois en possession du ballon, Angel dribble deux adversaires et cherche instinctivement Loïc. Celui-ci est déjà devant les buts adverses. La passe d'Angel, trop longue, aboutit dans les bras du goal. Pressé par Loïc, celui-ci relance maladroitement. Bobo récupère la balle et la passe à l'avant-centre, resté en embuscade.

Loïc résiste à la charge d'un défenseur, couvre sa balle, puis, du pied gauche, il trompe le gardien.

– Et de trois !

Dans la tribune, les filles scandent le nom du champion.

Quelques minutes plus tard, il inscrit un quatrième but d'une magnifique reprise de volée.

L'arbitre siffle. Fin du match. 4 à 0 !

Les maillots jaunes n'ont été que des figurants. Saint-Antonin a dominé pendant quarante minutes. Et dans l'équipe, Loïc, héros du match, a multiplié les exploits. Malgré quelques dribbles et trois passes décisives, Angel n'a été que l'ombre du buteur.

Charly rejoint les joueurs qui se dirigent vers les vestiaires. Les filles arrivent à leur tour pour féliciter les vainqueurs.

– Fantastique ! lance Charly.

Angel acquiesce avec un enthousiasme sincère :

– Je te l'avais dit : c'est un champion, un vrai !

– Dommage que le match ne dure pas plus longtemps ! soupire Clémence.

Angel fait la grimace :

– On voit que ce n'est pas toi qui cours sur le terrain !

– Tu as couru ? Je n'ai pas remarqué, réplique l'insolente au milieu des rires.

Angel hausse les épaules avec mépris et attire Charly à l'écart :

— Alors, qu'est-ce que tu penses de moi ?
— Tu as bien joué, dit le garçon, prudent.
— Dis-le franchement : j'ai été nul !
— Pas du tout ! Tu es aussi fort que les autres.
— Excepté Loïc.
— Évidemment.
— Aussi fort, mais pas meilleur, pas vrai ?

Au même instant, Frank se mêle à la discussion :

— Belle partie, Angel. Trois passes lumineuses, trois buts ! Tu es un élément précieux. Ce n'est pas parce que tu as moins dribblé que d'habitude que tu as été moins bon. Au contraire : tu as été plus efficace.

Il regarde Charly, puis s'arrête sur Angel avec un petit sourire :

— Ça répond à ta question ?

Angel s'épanouit :

— Et comment !

Révisions

La fièvre a cloué Angel au lit pendant quinze jours. Et les médicaments l'ont fatigué. Il est encore très faible, pâle et amaigri.
– Un vrai vampire ! lui dit Charly, qui rend visite à son ami presque chaque jour. Un mois sans école, tu as trop de chance !
Angel ne partage pas la bonne humeur de Charly :
– Un mois sans foot, peut-être deux !
– C'est rien, deux mois !

– Adieu, le stage !

– Il y en aura d'autres.

« Il prend ça à la rigolade ! Au fond, il s'en fiche ! » pense Angel avec irritation.

– Je t'ai apporté tes exercices de maths, annonce Charly.

– Trop sympa !

– Ah, et puis le devoir de français. C'est un poème. On doit l'apprendre par cœur et expliquer ce qu'il signifie. Si tu veux, on l'apprendra ensemble.

Angel ne l'écoute pas, il a la tête ailleurs. Il pense encore à son stage. Charly sourit en douce. Il sait comment attirer l'attention de son ami. Il fouille dans son sac :

– J'allais oublier ! Il y a aussi ce truc-là…

– C'est quoi ? demande Angel.

Charly a une moue d'excuse :

– Je ne sais pas si ça va t'emballer.

– Encore une chronique historique de Jules César ! soupire Angel.

Marc Césarini, leur prof d'histoire, surnommé Jules César, a la manie de leur faire apprendre par cœur des leçons barbantes sur l'Antiquité.

Angel fronce les sourcils :

– C'est quoi, cette fois ? L'architecture des pharaons ? Les ruines d'Athènes ?

– Pas si ancien.

– Je n'ai pas envie de jouer aux devinettes ! se plaint Angel.

Charly sort enfin un DVD de son sac. Angel lit : *Les séquences magiques de la Coupe du Monde 2006.*

Son visage s'illumine :

– Trop bien !

Quelques minutes plus tard, tous deux s'animent devant les images spectaculaires des demi-finales de la World Cup.

– Vise Zidane ! La technique, super géniale !

Leurs rugissements attirent Flo.

– Arrêtez de hurler ! C'est ça que vous appelez travailler ?

– Fiche-nous la paix ! s'énerve Angel sans cesser de regarder l'écran qui fait face à son lit.

– Moi qui étais venue discuter gentiment avec toi, soupire Flo.

– Je te crois, ouais !

– Au fait, qu'est-ce que vous regardez ? demande-t-elle.

– Une leçon d'histoire, répond Charly.

– Je me disais aussi : comment font-ils pour décrocher d'aussi bonnes notes en histoire de France ? plaisante Flo.

– Tu peux pas la fermer ? grommelle Angel.

Flo pince les lèvres :

– Tu n'es pas très poli.

Son frère lève les yeux au ciel :

– Poli !

Flo dépose un paquet sur le lit :

– Quand vous aurez terminé vos révisions…

– Qu'est-ce que c'est ? demande Charly.

– Pour Angel.

– Pour moi ? répète son frère sans cesser d'admirer les exploits de Franck Ribéry.

Mais Flo a disparu.

– Je peux ? dit Charly en tirant sur le ruban du paquet.

– Si tu veux.

Charly ouvre le paquet et siffle entre ses dents :

– *La Ligue des gentlemen extraordinaires* !

– Hein !?

– C'est la BD, les deux premiers albums.

– Mes préférés ! s'exclame Angel, sidéré. D'où tu sors ça ?

– C'est Flo.

– C'est dingue !

Angel cesse de s'intéresser aux images de la coupe pour feuilleter les albums.

Quelques instants plus tard, il va dans la chambre de sa sœur. Flo est en train d'écrire sur la petite table qui lui sert de bureau.

– Je ne te dérange pas ? murmure-t-il.

– Si, justement.

Il s'approche d'elle et lui plante un baiser maladroit sur la joue.

– C'est malin, tu vas me refiler tes microbes ! peste-t-elle en s'essuyant.

– Tu es trop sympa, Flo !
Elle le regarde, d'un air faussement hargneux :
– Je suis une vipère, tu sais bien !

Il acquiesce :

– Une vipère drôlement chouette !

Quand Angel regagne sa chambre, Charly montre son étonnement :

– Ta sœur, elle est vraiment bizarre : parfois elle est méchante, et parfois elle est super.

– Elle n'est pas méchante.

– Qu'est-ce qu'il te faut ! Elle se moque toujours de toi pendant les matchs !

– Elle aussi aimerait jouer au foot, mais elle ne peut pas à cause de son asthme. Quand elle court trop longtemps, elle ne peut plus respirer, tu comprends ? Alors, ça lui fait de la peine de voir les autres courir. Mais je sais qu'elle m'aime bien.

– Ça se voit, approuve Charly en s'emparant d'un des albums.

Graine de champion

Angel regarde son entraîneur d'un air ahuri. Il ne parvient pas à croire ce qu'il vient d'entendre.

– Tu en fais une tête ! Tu n'es pas content ? s'étonne Frank.

– Si, bien sûr, souffle le jeune garçon. Mais… Loïc ?

L'entraîneur sourit :

– Loïc suivra un autre stage, c'est prévu. Tu partiras avec Théo. Il l'a mérité, comme toi.

« Théo, oui, c'est un gardien formidable, mais moi ? » se demande Angel.

Il a repris l'entraînement depuis quelques semaines, et n'a guère brillé, excepté un but magnifique contre Meyrargues. Pendant ce temps, Loïc, lui, en a marqué une dizaine.

Angel est surpris d'être sélectionné, mais ses coéquipiers ont l'air de trouver ça tout naturel. Et, si certains sont déçus, en tout cas ils ne le montrent pas.

– Tu vas leur sortir ton dribble magique, s'écrie Djamel.

Salvator hoche la tête en souriant :

– C'est toi le meilleur, Angel.

Loïc prend l'élu par le cou :

– C'est mérité, crois-moi !

Angel en a les larmes aux yeux. Il est impatient d'annoncer la nouvelle à ses parents : leur fils, l'un des meilleurs joueurs de l'équipe ! Le petit Angel, admis parmi les futurs champions de Montilleux ! Ils ne vont pas en revenir.

Cependant, chez lui, cette nouvelle ne suscite pas l'enthousiasme attendu. Son père reste étrangement silencieux, et sa mère ne cache pas sa réticence :

– Je sais, M. Rodriguez m'a téléphoné à ce sujet. Je lui ai répondu que nous allions réfléchir.

– Réfléchir ? Pourquoi ? balbutie Angel, déconcerté.

– Tu as manqué l'école pendant cinq semaines. Tu as du travail à rattraper, et tu es tout juste guéri...

– Je suis en forme ! se défend Angel. Si tu me voyais à l'entraînement : je suis l'un des plus résistants, et sur le terrain je cartonne… La preuve !

Agnès secoue la tête, inflexible :

— Je crois qu'il vaut mieux remettre ce stage à plus tard.

— Plus tard, c'est impossible. La date est fixée.

Angel lance un regard de détresse à son père. Celui-ci continue à se taire. L'aide qu'il espère lui vient de Flo :

— Ce stage, c'est une chance pour lui. Vous n'allez pas le priver de ça ?

— Ma chérie, tu es bien gentille, lui dit Agnès, mais cette affaire ne te concerne pas.

Il en faut davantage pour arrêter Flo, une fois lancée.

— Maman, tu répétais qu'il avait besoin d'un séjour à la campagne pour reprendre des couleurs, retrouver l'appétit. L'air pur, le voilà. Montilleux tombe à pic !

– Je parlais de repos, pas de foot.

Julien se décide enfin à intervenir :

– J'ai examiné le programme de leur formation. Il prévoit un équilibre entre le sport et les loisirs. Trois heures de foot par jour et six heures de balades, de visites, de jeux…

– Exactement ce qu'il lui faut ! s'exclame Flo.

– Flo, je t'en prie ! la gronde Agnès.

Elle se tourne vers son mari :

– Tu disais toi-même que nous devions en discuter avant de prendre une décision.

– C'est ce que nous sommes en train de faire, réplique Julien avec douceur.

– On pourrait décaler ce stage au mois de juillet, suggère Agnès. Il serait complètement guéri.

– Mais je suis guéri ! proteste Angel. Et, à Pâques, c'est Aldo Montini, la star du Milan AC, qui dirige le stage.

– Comment ? Ce n'est pas M. Rodriguez qui vous surveille ? s'inquiète Agnès.

– Montini est un grand champion, explique Julien. Un excellent technicien. Sur la qualité de la formation, il n'y a rien à dire.

– Je ferai tout ce que vous voudrez, supplie Angel.

– Tu es sûr ? Tout, c'est beaucoup ! le taquine son père.

Les parents se regardent en silence. Angel se mord les lèvres en attendant le verdict qui va décider de son bonheur ou de sa déception.

Julien sourit :

– Avant de prendre notre décision, je propose que nous allions le voir jouer samedi prochain.

– Ouais ! triomphe Angel. On rencontre Mérimay. On va les écraser !

– Toi aussi, Flo, il faudrait que tu viennes, dit Julien.

– Comme si je vous avais attendus ! marmonne sa fille. Je vais au stade tous les samedis, je vous signale. Si vous aviez fait pareil, vous sauriez que votre poussin est une graine de champion !

Retrouve Angel
et toute l'équipe de Saint-Antonin
dans le prochain tome de

Graine de CHAMPION

Tome 2

Graine de CHAMPION — Sacré buteur ! — Lionel Wengler